Devocionário
de
Santa Margarida Maria Alacoque

Devocionário
de
Santa Margarida Maria Alacoque

Mosteiro da Visitação de Santa Maria

© Mosteiro da Visitação de Santa Maria
São Paulo, Brasil, 2025

Com licença eclesiástica.

Diretor geral: Eliomar Ribeiro, SJ
Editor: Gabriel Frade

Capa: Ronaldo Hideo Inoue
Diagramação: Sowai Tam
Preparação: Irmã Tatiana Sjasins, VSM
Revisão: Fernanda Guerriero Antunes

Capa composta sobre detalhe (editado) do quadro representando Santa Margarida Maria Alacoque no interior da Capela da Revelação em Paray-le-Monial, França, imagem de © rparys. Na contracapa, ilustração generativa de © T Studio. Imagens do Adobe Stock.

Edições Loyola

Rua 1822 nº 341, Ipiranga
04216-000 São Paulo, SP
T 55 11 3385 8500/8501, 2063 4275
editorial@loyola.com.br, **vendas**@loyola.com.br
loyola.com.br, @edicoesloyola

Mosteiro
da Visitação de
Santa Maria

Rua Dona Inácia Uchôa nº 208, Vila Mariana
04110-020 São Paulo, SP
T 55 11 5579 3948
vsm@vsm.org.br
monjasvisitandinas.com.br

Rua Rosina Apolinário nº 170
Caixa Postal 378
36204-130 Barbacena, MG
T 55 32 3333 3819
mostbarbacena@gmail.com

Todos os direitos reservados. Nenhuma parte desta obra pode ser reproduzida ou transmitida por qualquer forma e/ou quaisquer meios (eletrônico ou mecânico, incluindo fotocópia e gravação) ou arquivada em qualquer sistema ou banco de dados sem permissão escrita da Editora.

ISBN 978-65-5504-456-0

© EDIÇÕES LOYOLA, São Paulo, Brasil, 2025

Sumário

Missa Própria de Santa Margarida Maria Alacoque ... 7

Liturgia das Horas própria da Ordem da
Visitação de Santa Maria ... 17

Ofício de Santa Margarida Maria Alacoque ... 19
   Ofício das leituras ... 21
   Oração da manhã – Laudes ... 36
   Ofício do meio-dia – Hora intermédia ... 50
   Oração da tarde – Vésperas ... 55
   Oração da noite – Completas ... 65
   Antífona final de Nossa Senhora ... 72

Suplemento devocional da
Ordem da Visitação de Santa Maria ... 75
   Novena de Santa Margarida Maria Alacoque ... 77
   Hora santa com Santa Margarida Maria Alacoque ... 93
   Ladainha de Santa Margarida Maria Alacoque ... 101
   Orações, Atos de Consagração e Reparação ... 105
   Hino a Santa Margarida Maria Alacoque ... 111

MISSA PRÓPRIA
de
SANTA MARGARIDA MARIA ALACOQUE

Autorizada para todos os Mosteiros da Visitação
pela sagrada Congregação para os Sacramentos
e o Culto Divino

(Prot. N.º cd 1307/76. Dia 28 de outubro de 1976)

Nos anos de 1673-1675, Jesus Cristo revela à jovem visitandina, Irmã Margarida Maria Alacoque (1647-1690), a profundidade de seu Amor pela humanidade. Ele mostrou-lhe seu Coração e lhe pediu que obtivesse a instituição de uma Festa em sua honra. Através de muitas dificuldades, ela consagrou sua vida à realização desse desejo do Senhor.

SANTA MARGARIDA MARIA ALACOQUE

16 de outubro

FESTA

ANTÍFONA DE ENTRADA

Ó Deus, vós sois o Deus do meu coração e minha herança para sempre.

HINO DE LOUVOR

Glória a Deus nas alturas, e paz na terra aos homens por ele amados. Senhor Deus, Rei dos céus, Deus Pai Todo-Poderoso. Nós vos louvamos, nós vos bendizemos, nós vos adoramos, nós vos glorificamos, nós vos damos graças por vossa imensa glória. Senhor Jesus Cristo, Filho Unigênito, Senhor Deus, Cordeiro de Deus, Filho de Deus Pai. Vós que tirais o pecado do mundo, tende piedade de nós. Vós que tirais o pecado do mundo, acolhei a nossa súplica. Vós que estais à direita do Pai, tende piedade de nós. Só vós sois o Santo, só vós o Senhor, só vós o Altíssimo, Jesus Cristo, com o Espírito Santo, na glória de Deus Pai. Amém.

ORAÇÃO COLETA

Derramai sobre nós, Senhor, o Espírito com o qual agraciastes Santa Margarida Maria; assim conheceremos nós também o amor de Cristo que supera todo conhecimento; seremos saciados e entraremos na plenitude de Deus. Por nosso Senhor Jesus Cristo, vosso Filho, que é Deus, e convosco vive e reina, na unidade do Espírito Santo, por todos os séculos dos séculos. Amém.

PRIMEIRA LEITURA (Is 55,5-8)

– **Leitura do Livro do Profeta Isaías:**

Assim, tu chamarás por uma nação que não conheces, sim, uma nação que não te conhece acorrerá a ti, por causa do Senhor teu Deus, à busca do Santo de Israel, porque Ele te cobriu de esplendor. Procurai o Senhor enquanto pode ser achado, invocai-o enquanto está perto. Abandone o ímpio o seu caminho, e o homem mau os seus pensamentos, e volte para o Senhor, pois terá compaixão dele; volte para o nosso Deus, porque é rico em perdão.

Com efeito, os meus pensamentos não são os vossos pensamentos, e os vossos caminhos não são os meus caminhos, oráculo do Senhor. – *Palavra do Senhor.*

SALMO RESPONSORIAL (73,23-26.28)

O Senhor é bom, eterno é seu amor.

– Quanto a mim, estou sempre contigo,
 Tu me seguraste pela mão direita;
 Tu me conduzes com teu conselho e com tua glória me atrairás.

– Quem teria eu no céu?
 Contigo, nada mais me agrada na terra.
 Minha carne e meu coração podem se consumir:
 A rocha do meu coração, a minha porção é Deus, para sempre.

– Quanto a mim, estar junto de Deus é o meu bem!
 Em Deus coloquei o meu abrigo,
 Para contar todas as tuas obras.

SEGUNDA LEITURA (Ef 3,8-12; 14-19)

– Leitura da Carta de São Paulo aos Efésios:

Irmãos: Por essa razão eu dobro os joelhos diante do Pai – de quem toma o nome toda família no céu e na terra –, para pedir-lhe que ele conceda, segundo a riqueza da sua glória, que vós sejais fortalecidos em poder pelo seu Espírito no homem interior, que Cristo habite pela fé em vossos corações e que sejais arraigados e fundados no amor. Assim tereis condições para compreender com todos os santos qual é a largura e o comprimento e a altura e a profundidade, e conhecer o amor de Cristo que excede a todo conhecimento, para que sejais plenificados com toda a plenitude de Deus. – *Palavra do Senhor.*

ACLAMAÇÃO AO EVANGELHO

ALELUIA, aleluia…
Vinde a mim todos vós que estais cansados sob o peso de vossos fardos, e eu vos darei descanso.
ALELUIA, aleluia…

EVANGELHO (Mt 11,25-30)

– **Proclamação do Evangelho de Jesus Cristo segundo Mateus:**

Por esse tempo, pôs-se Jesus a dizer: "Eu te louvo, ó Pai, Senhor do céu e da terra, porque ocultaste estas coisas aos sábios e doutores e as revelaste aos pequeninos. Sim, Pai, porque assim foi do teu agrado. Tudo me foi entregue por meu Pai, e ninguém conhece o Pai senão o Filho e aquele a quem o Filho o quiser revelar.

Vinde a mim todos os que estais cansados sob o peso do vosso fardo e eu vos darei descanso. Tomai sobre vós o meu jugo e aprendei de mim, porque sou manso e humilde de coração, e encontrareis descanso para vossas almas, pois o meu jugo é suave e o meu fardo é leve". – *Palavra da Salvação.*

ORAÇÃO DA COMUNIDADE (Preces)

Alegremo-nos, irmãos e irmãs, na festa de Santa Margarida Maria e apresentemos a Deus as nossas súplicas:

– Para que Deus envie o seu Espírito de Amor à Igreja e a encha de seus dons, proteja o Papa, santifique os Bispos e Sacerdotes, roguemos ao Senhor.

R/. **Senhor, atendei a nossa prece!**

– Para que o Amor de Deus, revelado no Coração do seu Filho, purifique as nossas fraquezas, fortaleça nossa fé, aumente a nossa confiança e nos faça conhecer esse Amor que ultrapassa todo conhecimento, roguemos ao Senhor.

– Por aqueles que sofrem: os doentes, os agonizantes, para que o Coração Sagrado seja seu refúgio e fortaleza, roguemos ao Senhor.

– Pelas pessoas consagradas, para que glorifiquem o Senhor com a santidade de seu corpo e a pureza de sua alma, roguemos ao Senhor.

– Para que a exemplo de Santa Margarida Maria muitas jovens queiram se consagrar a Deus na Ordem da Visitação de Santa Maria, para louvar e glorificar o Coração de Jesus, roguemos ao Senhor.

– Assim como o Coração manso e humilde de Jesus moldou o coração de Santa Margarida Maria, que Ele nos dê um coração novo à imagem do Seu, roguemos ao Senhor.

– Por toda a Ordem da Visitação de Santa Maria, para que seja testemunha, diante do mundo, da missão que Jesus lhe confiou: imitar os mistérios d'Ele na humildade e simplicidade de sua vida, roguemos ao Senhor.

Oração: Chegue à vossa presença, Deus misericordioso, a voz da Igreja suplicante, para que obtenha de vossa bondade os benefícios que acabou de pedir. Por Jesus Cristo nosso Senhor. Amém.

ORAÇÃO SOBRE AS OFERENDAS

Aceitai, Senhor, a oferenda do vosso povo, para que chegue a ser o sacrifício de vosso Filho e o sinal do seu amor para conosco. Concedei-nos, por intercessão de Santa Margarida Maria, reconhecer o poder desse amor e corresponder-lhe de todo coração. Por Cristo nosso Senhor. Amém.

ANTÍFONA DA COMUNHÃO

Chegamos a conhecer o amor: Cristo deu sua vida por nós, e nós devemos dar também a nossa vida por nossos irmãos.

ORAÇÃO APÓS A COMUNHÃO

Acabamos de tomar parte, Senhor, nos mistérios do Corpo e do Sangue de Cristo; concedei-nos, por intercessão de Santa Margarida Maria, revestir-nos com a mansidão e humildade do Coração de Jesus e saber revelar o seu amor a nossos irmãos. Por Jesus Cristo, nosso Senhor. Amém.

LITURGIA DAS HORAS
PRÓPRIA
DA ORDEM DA VISITAÇÃO
DE SANTA MARIA

OFÍCIO
DE SANTA MARGARIDA MARIA
ALACOQUE

Religiosa da Ordem da Visitação de Santa Maria

Festa

16 de outubro

OFÍCIO DAS LEITURAS

V/. – Vinde, ó **Deus**, em meu au**xí**lio.
R/. – Soco**rrei**-me sem de**mo**ra.
    Glória ao **Pai** e ao **Fi**lho e ao Es**pí**rito **San**to.*
    Como **era** no prin**cí**pio, **ago**ra e sempre. **Amém**,
    Ale**lui**a.

INVITATÓRIO

Nosso Deus é um fogo consumidor.
Vinde, adoremo-lo.

Salmo 94

– Vinde, exul**te**mos de ale**gri**a no Se**nhor**,*
  acla**me**mos o ro**che**do que nos salva!
– Ao seu en**con**tro caminhemos com louvores,*
  e com **can**tos de alegria o celebremos!

– Na ver**da**de, o Senhor é o grande Deus,*
  o grande **Rei**, muito maior que os deuses todos.
– Tem nas **mãos** as profundezas dos abismos,*
  e as al**tu**ras das montanhas lhe pertencem;

– o mar é **de**le, pois foi ele quem o fez,*
e a terra **fir**me suas mãos a modelaram.

– Vinde, ado**re**mos e prostremo-nos por terra,*
e ajoe**lhe**mos ante o Deus que nos criou!
= Porque **E**le é o nosso Deus, nosso Pastor,†
e nós **so**mos o seu povo e seu rebanho,*
as o**ve**lhas que conduz com sua mão.

= Oxa**lá** ouvísseis hoje a sua voz:†
"Não fe**cheis** os corações como em Meriba,*
como em **Ma**ssa, no deserto, aquele dia,
em que ou**tro**ra vossos pais me provocaram,*
ape**sar** de terem visto as minhas obras".

= Quarenta **a**nos desgostou-me aquela raça†
e eu **dis**se: "Eis um povo transviado,*
seu cora**ção** não conheceu os meus caminhos!"
– E por **is**so lhes jurei na minha ira:*
Não entra**rão** no meu repouso prometido!"

= Demos **gló**ria a Deus **Pai** onipo**ten**te
e a seu **Fi**lho, Jesus **Cris**to, Senhor **nos**so,†
e ao Es**pí**rito que ha**bi**ta em nosso **pei**to*
pelos **sé**culos dos **sé**culos. **Amém**.

Hino

Diante de ti, Senhor,
Eis aqui tua serva,
Como uma tela à espera,
Da obra do Mestre.

Teu olhar de amor
Irradia sobre ela.
Teu Coração aberto lhe revela
Um Dom sem limites.

E tua voz repete
O fogo que te queima,
A paixão que te consome,
E rompe nossas cadeias.

Para ti só ó Cristo
Sua vida toda inteira,
Seus dias tecidos de oração
E de humilde serviço.

Antífona 1ª. – Felizes os que habitam – vossa casa, Senhor!

Salmo 83
Saudades do templo do Senhor

– Quão amável, ó Senhor, é vossa casa,*
 quanto a amo, Senhor Deus do universo!
– Minha alma desfalece de saudades*
 e anseia pelos átrios do Senhor!
– Meu coração e minha carne rejubilam*
 e exultam de alegria no Deus vivo!

= Mesmo o pardal encontra abrigo em vossa casa,†
 e a andorinha ali prepara o seu ninho,*
 para nele seus filhotes colocar;
– vossos altares, ó Senhor Deus do universo!*
 vossos altares, ó meu Rei e meu Senhor!

– Felizes os que habitam vossa casa;*
 para sempre haverão de vos louvar!
– Felizes os que em vós têm sua força,*
 e se decidem a partir em romaria!

= Quando passam pelo vale da aridez,*
 o transformam numa fonte borbulhante,*
 pois a chuva o vestirá com suas bênçãos.
– Caminharão com um ardor sempre crescente*
 e hão de ver o Deus dos deuses em Sião.

– Deus do universo, escutai minha oração!
  Inclinai, Deus de Jacó, o vosso ouvido!
= Olhai, ó Deus, que sois a nossa proteção,*
  vede a face do eleito, vosso Ungido!

– Na verdade, um só dia em vosso templo*
  vale mais do que milhares fora dele!
– Prefiro estar no limiar de vossa casa,*
  a hospedar-me na mansão dos pecadores!

– O Senhor Deus é como um sol, é um escudo,*
  e largamente distribui a graça e a glória.
– O Senhor nunca recusa bem algum*
  àqueles que caminham na justiça.
– Ó Senhor, Deus poderoso do universo,*
  feliz quem põe em vós sua esperança!

– Glória ao Pai e ao Filho e ao Espírito Santo.
  Como era no princípio, agora e sempre. Amém.

Antífona – Felizes os que habitam – vossa casa, Senhor!

Antífona 2ª. – O Senhor é ternura e piedade –
              lento na cólera e cheio de amor.

Salmo 144
Louvor à grandeza de Deus

I

– Ó meu Deus, quero exaltar-vos, ó meu Rei,*
e bendizer o vosso nome pelos séculos.

– Todos os dias haverei de bendizer-vos,*
hei de louvar o vosso nome para sempre.
– Grande é o Senhor e muito digno de louvores,*
e ninguém pode medir sua grandeza.

– Uma idade conta à outra vossas obras*
e publica os vossos feitos poderosos;
– proclamam todos o esplendor de vossa glória*
e divulgam vossas obras portentosas!

– Narram todos vossas obras poderosas,*
e de vossa imensidade todos falam.
– Eles recordam vosso amor tão grandioso*
e exaltam, ó Senhor, vossa justiça.

– Misericórdia e piedade é o Senhor,*
Ele é amor, é paciência, é compaixão.
O Senhor é muito bom para com todos,*
sua ternura abraça toda criatura.

– Glória…

Antífona – O Senhor é ternura e piedade –
 lento na cólera e cheio de amor.

Antífona 3ª. – Grande é o Senhor –
 incalculável sua grandeza. Aleluia, aleluia.

Salmo 144

II

– Que vossas obras, ó Senhor, vos glorifiquem,*
 e os vossos santos com louvores vos bendigam!
– Narrem a glória e o esplendor do vosso reino*
 e saibam proclamar vosso poder!

– Para espalhar vossos prodígios entre os homens*
 e o fulgor de vosso reino esplendoroso.
– O vosso reino é um reino para sempre,*
 vosso poder, de geração em geração.

– O Senhor é amor fiel em sua palavra,*
 é santidade em toda obra que ele faz.
– Ele sustenta todo aquele que vacila*
 e levanta todo aquele que tombou.

– Todos os olhos, ó Senhor, em vós esperam*
  e vós lhes dais no tempo certo o alimento;
– Vós abris a vossa mão prodigamente*
  e saciais todo ser vivo com fartura.

– É justo o Senhor em seus caminhos,*
  é santo em toda obra que ele faz.
– Ele está perto da pessoa que o invoca,*
  de todo aquele que o invoca lealmente.

– O Senhor cumpre os desejos dos que o temem,*
  Ele escuta os seus clamores e os salva.
– O Senhor guarda todo aquele que o ama,*
  mas dispersa e extermina os que são ímpios.

= Que a minha boca cante a glória do Senhor†
  e que bendiga todo ser seu nome santo*
  desde agora, para sempre e pelos séculos.

– Glória…

Antífona – Grande é o Senhor –
           incalculável sua grandeza. Aleluia, aleluia.

V/.- Mostrai-nos, Senhor, a vossa misericórdia.
R/.- E dai-nos a vossa salvação.

PRIMEIRA LEITURA

Da Carta aos Hebreus (Hb 12,22-29)

Vós, ao contrário, vos aproximastes da montanha de Sião, da cidade do Deus vivo, da Jerusalém celestial, das miríades de anjos, da assembleia festiva dos primeiros inscritos no livro dos céus, e de Deus, juiz universal, e das almas dos justos que chegaram à perfeição; enfim, de Jesus o mediador da nova Aliança, e do sangue da aspersão, que fala com mais eloquência que o sangue de Abel.

Guardai-vos, pois, de recusar ouvir Aquele que fala. Porque, se não escaparam do castigo aqueles que dele se desviaram, quando lhes falava na terra, muito menos escaparemos nós, se o repelirmos, quando nos fala do alto do céu. Depois de ter outrora abalado a terra pela sua voz, Ele hoje nos fala esta solene declaração: Ainda uma vez por todas, moverei, não só a terra, mas também o céu. As palavras: ainda uma vez, indicam o desaparecimento do que é caduco, porque criado, para que só subsista o que é imutável. Assim, possuindo nós um reino inabalável, dediquemos a Deus um reconhecimento que lhe torne agradável o nosso culto com temor e respeito. Porque nosso Deus é um fogo devorador.

RESPONSÓRIO BREVE

V/.- Nosso Deus é um fogo devorador, uma fogueira sem fim.
R/.- Nosso Deus é um fogo devorador, uma fogueira sem fim.
V/.- Quem ouvirá suas palavras?
R/.- Nosso Deus é um fogo devorador, uma fogueira sem fim.
V/.- Quem de nós poderá resistir?
R/.- Nosso Deus é um fogo devorador, uma fogueira sem fim.
V/.- Que posso eu esperar, Senhor? Minha esperança está em vós.

SEGUNDA LEITURA

Das cartas de Santa Margarida Maria Alacoque

Vie et oeuvres 2, Paris 1915. 321, 336, 493, 554

Precisamos conhecer a maravilhosa caridade da ciência de Cristo.

Parece-me que o grande desejo de nosso Senhor, de que se tribute honra especial a seu Sagrado Coração, tem por finalidade renovar em nós os frutos da Redenção. Pois o Sagrado Coração é uma fonte inesgotável que só quer difundir-se pelos corações humildes a fim de que estejam livres e prontos a viver sua vida em conformidade com seu beneplácito.

Deste divino Coração brotam sem cessar três rios: o primeiro é de misericórdia pelos pecadores, derramando neles o espírito de contrição e de penitência. O segundo é de caridade, para socorrer os que sofrem e, em particular, dos que aspiram à perfeição, para que encontrem os meios de superar as dificuldades. Do terceiro, enfim, manam o amor e a luz para seus amigos perfeitos, que Ele deseja unir à sua ciência e à participação de seus preceitos, para que cada um a seu modo se dedique totalmente à expansão de Sua glória.

Este Coração divino é um abismo que cumula todos os bens; nele precisam os pobres mergulhar todas as suas necessidades. É um abismo de alegria, onde temos de mergulhar todas as nossas tristezas. É um abismo de humildade, remédio de nosso orgulho. É um abismo de misericórdia para os miseráveis e um abismo de amor para as nossas indigências.

Urge, portanto, que vos mantenhais unidos ao Coração de nosso Senhor Jesus Cristo, no princípio da vida nova, para vos preparardes bem; mas também para encontrar nele, finalmente, o vosso descanso. Não conseguis progredir na oração? Contentai-vos, então, com o oferecimento a Deus das orações que o Salvador formulou por nós no Sacramento do altar, apresentando o seu fervor em reparação por nossa tibieza. Em todas as obras que empreenderdes, seja esta a vossa oração: *"Ó meu Deus, faço isto ou sofro aquilo no Coração do teu Filho e, de acordo com seus santos desígnios, ofereço-te em reparação de tudo quanto há de falho ou de imperfeito em minhas obras"*. E assim em todas as circunstâncias da nossa vida. E todas as vezes que vos acontecer alguma coisa mortificante, seja uma aflição, seja uma ofensa, dizei a vós mesmos: *"Aceita o que te envia o Sagrado Coração de Jesus Cristo para unir-te a Ele"*.

Mas, antes de tudo, conservai a paz do coração, que é o maior de todos os tesouros. Para guardá-la, nada melhor que renunciar à própria vontade e colocar a vontade do divino Coração em lugar da vossa, de forma que Ele realize em vosso nome o que redunda em Sua glória; e nós, felizes nos submetamos a Ele, com absoluta confiança.

RESPONSÓRIO BREVE

V/.– Ó abismo da riqueza, da sabedoria e da ciência de Deus. Quão insondáveis são seus desígnios e inescrutáveis seus caminhos.

R/.– Ó abismo da riqueza, da sabedoria e da ciência de Deus. Quão insondáveis são seus desígnios e inescrutáveis seus caminhos.

V/.– Mistério de Deus, Mistério de Cristo, onde se encontram ocultos todos os tesouros da sabedoria e da ciência.

R/.– Ó abismo da riqueza, da sabedoria e da ciência de Deus. Quão insondáveis são seus desígnios e inescrutáveis seus caminhos.

V/.– Deus quis fazer-nos conhecer a glória desse mistério no meio das nações, Cristo entre nós, a esperança da glória.

R/.– Ó abismo da riqueza, da sabedoria e da ciência de Deus. Quão insondáveis são seus desígnios e inescrutáveis seus caminhos.

TE DEUM (A Vós, ó Deus, louvamos…)

A Vós, ó Deus, louvamos, / a Vós, Senhor, cantamos.
A Vós Eterno Pai, / adora toda a terra.

A Vós cantam os anjos, / os céus e seus poderes:
Sois Santo, Santo, Santo, / Senhor, Deus do universo!

Proclamam céus e terra / a vossa imensa glória.
A Vós celebra o coro / glorioso dos Apóstolos,

Vos louva dos Profetas / a nobre multidão
e o luminoso exército / dos vossos Santos Mártires.

A Vós por toda a terra / proclama a Santa Igreja,
ó Pai onipotente, / de imensa majestade,

E adora juntamente / o vosso Filho único,
Deus vivo e verdadeiro, / e ao vosso Santo Espírito.

Ó Cristo, Rei da Glória, / do Pai eterno Filho,
nascestes duma Virgem, / a fim de nos salvar.

Sofrendo Vós a morte, / da morte triunfastes,
abrindo aos que têm fé / dos céus o reino eterno.

Sentastes à direita / de Deus, do Pai na glória.
Nós cremos que de novo / vireis como juiz.

Portanto, vos pedimos, / salvai os vossos servos,
que Vós, Senhor, remistes / com sangue precioso.

Fazei-nos ser contados, / Senhor, vos suplicamos,
em meio a vossos santos / na vossa eterna glória.

Salvai o vosso povo. / Senhor, abençoai-o.
Regei-nos e guardai-nos / até a vida eterna.

Senhor, em cada dia, / fiéis, vos bendizemos,
louvamos vosso nome / agora e pelos séculos.

Dignai-vos, neste dia, / guardar-nos do pecado.
Senhor, tende piedade / de nós, que a Vós clamamos.

Que desça sobre nós, / Senhor, a vossa graça,
porque em Vós pusemos / a nossa confiança.

Fazei que eu para sempre / não seja envergonhado:
Em vós, Senhor, confio, / sois Vós minha esperança!

ORAÇÃO

Ó Deus, derramai em nós o espírito com que enriquecestes Santa Margarida Maria, para que, conhecendo o amor de Cristo, que supera todo conhecimento, possamos gozar da vossa plenitude. Por nosso Senhor Jesus Cristo, vosso Filho, na unidade do Espírito Santo. Amém.

V/.- Bendigamos ao Senhor.
R/.- Demos graças a Deus.

ORAÇÃO DA MANHÃ - Laudes

V/.- Abri os meus lábios, ó Senhor.
R/.- E minha boca anunciará vosso louvor.
Glória ao **Pai** e ao **Fi**lho e ao Es**pí**rito **San**to.*
Como **era** no prin**cí**pio, **ago**ra e sempre. **Amém**,
Ale**lu**ia.

INVITATÓRIO

Nosso Deus é um fogo consumidor.
Vinde, adoremo-lo.

Salmo 94

– Vinde, exul**te**mos de ale**gri**a no Se**nhor**,*
 acla**me**mos o rochedo que nos salva!
– Ao seu en**con**tro caminhemos com louvores,*
 e com **can**tos de alegria o celebremos!

– Na ver**da**de, o Senhor é o grande Deus,*
 o grande **Rei**, muito maior que os deuses todos.
– Tem nas **mãos** as profundezas dos abismos,*
 e as al**tu**ras das montanhas lhe pertencem;
– o mar é **de**le, pois foi ele quem o fez,*

e a terra **fir**me suas mãos a modelaram.

– Vinde, ado**re**mos e prostremo-nos por terra,*
e ajoe**lhe**mos ante o Deus que nos criou!
= Porque **E**le é nosso Deus, nosso Pastor,†
e nós **so**mos o seu povo e seu rebanho,*
as o**ve**lhas que conduz com sua mão.

= Oxa**lá** ouvísseis hoje a sua voz:†
"Não fe**cheis** os corações como em Meriba,*
como em **Ma**ssa, no deserto, aquele dia,
– em que ou**tro**ra vossos pais me provocaram,*
ape**sar** de terem visto as minhas obras".

= Quarenta **a**nos desgostou-me aquela raça†
e eu **dis**se: "Eis um povo transviado,*
seu cora**ção** não conheceu os meus caminhos!"
– E por **is**so lhes jurei na minha ira:*
"Não entra**rão** no meu repouso prometido!"

– Glória…

Hino

Com tua lâmpada acesa,
Viste chegar o Senhor:

Do Esposo sentas-te à mesa,
Cheia de graça e esplendor.

Para uma eterna Aliança,
Põe-te no dedo um anel;
Cessam a fé e a esperança:
Belém se torna Betel.

Dá que aprendamos contigo
Ter sempre os olhos nos céus:
Calcar o mundo inimigo,
Buscar a glória de Deus.

Jesus nos dê, por Maria,
Que como Mãe te acolheu,
Tê-lo na terra por guia,
Ao caminhar para o céu.

Ao Pai e ao Espírito glória,
Ao Filho o mesmo louvor,
Pois virginal é a vitória
Da que desposa o Senhor.

Antífona 1ª. – Eu te procuro desde a aurora –
minha alma tem sede de Ti.

Salmo 62
Sede de Deus

– Sois **Vós**, ó Se**nhor**, o meu **Deus**!*
  Desde a au**ro**ra ansioso vos busco!
= A minh'**al**ma tem sede de vós,†
  minha **car**ne também vos deseja,*
  como **terra** sedenta e sem água!

– Venho, as**sim**, contemplar-vos no templo,*
  para **ver** vossa glória e poder.
– Vosso a**mor** vale mais do que a vida:*
  e por **is**so meus lábios vos louvam.

– Quero, **assim** vos louvar pela vida,*
  e ele**var** para vós minhas mãos!
– A minh'**al**ma será saciada,*
  como em **gran**de banquete de festa;
– canta**rá** a alegria em meus lábios,*
  ao can**tar** para vós meu louvor!

– Penso em **vós** no meu leito, de noite,*
  nas vi**gí**lias suspiro por vós!
– Para **mim** fostes sempre um socorro;*
  de vossas **a**sas à sombra eu exulto!

– Minha **al**ma se agarra em vós;*
  com po**der** vossa mão me sustenta.

– Glória…

Antífona – Eu te procuro desde a aurora –
  minha alma tem sede de ti.

Antífona 2ª. – Cantai-lhe pelo êxito de seu trabalho –
  que suas obras a louvem na cidade.

Cântico (Dn 3,57-88.56)
Louvor das criaturas ao Senhor

– **O**bras do Senhor, bendi**zei** o Senhor,*
  lou**vai**-o e exaltai-o pelos **sé**culos sem fim!
– **An**jos do Senhor, bendi**zei** o Senhor!*
  Céus do Senhor, bendi**zei** o Senhor!

R/. Lou**vai**-o e exal**tai**-o pelos **sé**culos sem **fim**!
ou
R/. A Ele **gló**ria e lou**vor** eterna**mente**!

– **Á**guas do alto céu, bendi**zei** o Senhor!*
  Po**tên**cias do Senhor, bendi**zei** o Senhor!
– **Lu**a e sol, bendi**zei** o Senhor!*
  Astros e estrelas, bendi**zei** o Senhor! (R.)

– **Chu**vas e orvalhos, bendi**zei** o Senhor!*
  Brisas e ventos, bendi**zei** o Senhor!
– **Fo**go e calor, bendi**zei** o Senhor!*
  Frio e ardor, bendi**zei** o Senhor!   (R.)

– Or**val**hos e garoas, bendi**zei** o Senhor!*
  Ge**a**da e frio, bendi**zei** o Senhor!
– **Ge**los e neves, bendi**zei** o Senhor!*
  Noites e dias, bendi**zei** o Senhor!   (R.)

– **Lu**zes e trevas, bendi**zei** o Senhor!*
  Raios e nuvens, bendi**zei** o Senhor!
– **I**lhas e terra, bendi**zei** o Senhor!*
  Lou**vai**-o e exaltai-o pelos séculos sem fim!   (R.)

– **Mon**tes e colinas, bendi**zei** o Senhor!*
  Plantas da terra, bendi**zei** o Senhor!
– **Fon**tes e nascentes, bendi**zei** o Senhor!*
  Mares e rios, bendi**zei** o Senhor!   (R.)

– Ba**lei**as e peixes, bendi**zei** o Senhor!*
  Pássaros do céu, bendi**zei** o Senhor!
– **Fe**ras e rebanhos, bendi**zei** o Senhor!*
  Filhos dos homens, bendi**zei** o Senhor!   (R.)

– **Fil**hos de Israel, bendi**zei** o Senhor!*
  Lou**vai**-o e exaltai-o pelos **sé**culos sem fim!

– Sacer**do**tes do Senhor, bendi**zei** o Senhor!*
Servos do Senhor, bendi**zei** o Senhor! (R.)

– **Al**mas dos justos, bendi**zei** o Senhor!*
Santos e humildes, bendizei o Senhor!
– **Jo**vens Misael, Ana**nias** e Azarias,*
louvai-o e exaltai-o pelos **sé**culos sem fim! (R.)

– Ao **Pai** e ao Filho e ao Es**pí**rito Santo*
lou**ve**mos e exaltemos pelos **sé**culos sem fim!
– Ben**di**to sois, Senhor, no firma**men**to dos céus!*
Sois **dig**no de louvor e de **gló**ria eternamente! (R.)

(no final deste salmo não se diz o Glória ao Pai)

Antífona – Cantai-lhe pelo êxito de seu trabalho –
que suas obras a louvem na cidade.

Antífona 3ª. – O Senhor é Santo.

Salmo 149
A alegria e o louvor dos santos

– Cantai ao Senhor Deus um canto novo*
e o seu lou**vor** na assembleia dos fiéis!
– **Ale**gre-se Israel em Quem o fez,*
e **Sião** se rejubile no seu Rei!

– Com **dan**ças glorifiquem o seu nome,*
   toquem **har**pa e tambor em sua honra!

– Porque, de **fa**to, o Senhor ama seu povo*
   e co**roa** com vitória os seus humildes.
– Ex**ult**em os fiéis por sua glória,*
   e can**tan**do se levantem de seus leitos,
– Com lou**vo**res do Senhor em sua boca*
   e es**pa**das de dois gumes em sua mão,

– para exer**cer** sua vingança entre as nações*
   e infli**gir** o seu castigo entre os povos,
– colo**can**do nas algemas os seus reis,*
   e seus **no**bres entre ferros e correntes,
– para apli**car**-lhes a sentença já escrita:*
   Eis a **gló**ria para todos os seus santos.

Ou

Salmo 98
Santo é o Senhor nosso Deus

= Deus é Rei: diante dele estremeçam os povos!†
   Ele reina entre os anjos: que a terra se abale!*
   Porque grande é o Senhor em Sião!

= Muito acima de todos os povos se eleva;†
   glorifiquem seu nome terrível e grande,*
   porque ele é santo e é forte!

= Deus é Rei poderoso. Ele ama o que é justo†
   e garante o direito, a justiça e a ordem;*
   tudo isso Ele exerce em Jacó.

= Exaltai o Senhor nosso Deus,†
   e prostrai-vos perante seus pés,*
   pois é santo o Senhor nosso Deus!

= Eis Moisés e Aarão entre os seus sacerdotes.†
   E também Samuel invocava seu nome,*
   e Ele mesmo, o Senhor, os ouvia.

= Da coluna de nuvem falava com eles.†
   E guardavam a lei e os preceitos divinos,*
   que o Senhor nosso Deus tinha dado.

= Respondíeis a eles, Senhor nosso Deus,†
   porque éreis um Deus paciente com eles,*
   mas sabíeis punir seu pecado.

= Exaltai o Senhor nosso Deus,†
   e prostrai-vos perante seu monte,*
   pois é santo o Senhor nosso Deus!

– Glória…

Antífona – O Senhor é Santo.

LEITURA BREVE (Jr 31,2-4)

Assim disse o Senhor: Encontrou graça no deserto o povo que escapou à espada. Israel caminha para seu descanso. De longe o Senhor me apareceu: Eu te amei com um amor eterno, por isso conservei para ti o amor. Eu te construirei de novo e serás reconstruída, Virgem de Israel.

RESPONSÓRIO BREVE

V/.– Conhecemos o amor que Deus tem por nós e acreditamos nele.
R/.– Conhecemos o amor que Deus tem por nós e acreditamos nele.
V/.– Deus é amor, e quem permanece no amor, permanece em Deus, e Deus permanece nele.
R/.– Conhecemos o amor que Deus tem por nós e acreditamos nele.

V/.– Amemos, porque Ele nos amou primeiro.
R/.– Conhecemos o amor que Deus tem por nós e acreditamos nele.
V/.– Glória ao Pai e ao Filho e ao Espírito Santo.
R/.– Conhecemos o amor que Deus tem por nós e acreditamos nele.

CÂNTICO EVANGÉLICO

Antífona – Celebramos a ternura, o amor de nosso Deus, quando nos visita o astro do alto: Cristo.

Benedictus (Lc 1,68-79)

– Bendito **se**ja o Senhor **Deus** de Isra**el**,*
 que a seu **po**vo visi**tou** e liber**tou**;
– e fez sur**gir** um pode**ro**so Salva**dor***
 na **ca**sa de Da**vi**, seu servi**dor**,

– como fa**la**ra pela **bo**ca de seus **san**tos,*
 os pro**fe**tas desde os **tem**pos mais an**ti**gos,
– para sal**var**-nos do po**der** dos ini**mi**gos*
 e da **mão** de todos **quan**tos nos o**dei**am.

– Assim mos**trou** miseri**cór**dia a nossos **pais**,*
recor**dan**do a sua **san**ta Ali**an**ça
– e o jura**men**to a Abra**ão**, o nosso **pai**,*
de conce**der**-nos que, li**ber**tos do ini**mi**go,
= a Ele nós sir**va**mos sem te**mor**†
em santi**da**de e justiça diante **de**le,*
en**quan**to perdu**ra**rem nossos **di**as.

= Serás pro**fe**ta do Al**tís**simo, ó me**ni**no,†
pois i**rás** andando à **fren**te do Se**nhor***
para aplai**nar** e prepa**rar** os seus ca**mi**nhos,
– anunci**an**do ao seu **po**vo a salva**ção**,*
que es**tá** na remis**são** de seus pe**ca**dos;

– pelo a**mor** do Cora**ção** de nosso **Deus**,*
Sol nas**cen**te que nos **vei**o visi**tar**
– lá do **al**to como **luz** resplande**cen**te*
a ilumi**nar** a quantos **ja**zem entre as **tre**vas
– e na **som**bra da **mor**te estão sen**ta**dos*
e no ca**mi**nho da **paz** guiar nossos **pas**sos.

– Glória ao **Pai** e ao **Fi**lho e ao Es**pí**rito **San**to.*
Como era no prin**cí**pio, a**go**ra e sempre. **Amém.**

Antífona – Celebramos a ternura, o amor de nosso Deus, quando nos visita o astro do alto: Cristo.

PRECES

Dirijamos nossa oração ao Coração de Jesus, onde habita a plenitude da Divindade, rezando:

R/. **Jesus, fonte de vida e santidade, atendei nossa oração.**

Jesus, em vosso Coração transpassado teve origem a santa Igreja:
– que vosso sacrifício redentor seja, através dela, fonte de caridade, de unidade e de santidade, nós vos rogamos.

Jesus, que manifestastes à vossa confidente, Santa Margarida Maria Alacoque, o ardente desejo de estreitar cada vez mais vossas relações de amor e intimidade, principalmente com as pessoas consagradas:
– que elas recebam vosso amor e se identifiquem com vossas virtudes, como centro de suas vidas, nós vos rogamos.

Jesus, que fizestes de vossa fiel discípula um instrumento para atrair muitos corações ao vosso amor suave e exigente:

– concedei-nos, também, ser colaboradores e colaboradoras na salvação do mundo, mediante o testemunho, o sacrifício e a caridade fraterna, nós vos rogamos.

Unidos com Jesus manso e humilde de Coração, digamos ao Pai,

Pai nosso...

ORAÇÃO

Ó Deus, derramai em nós o espírito com que enriquecestes Santa Margarida Maria, para que, conhecendo o amor de Cristo, que supera todo conhecimento, possamos gozar da vossa plenitude. Por nosso Senhor Jesus Cristo, vosso Filho, na unidade do Espírito Santo. Amém.

V/.- O Senhor nos abençoe, nos livre de todo o mal e nos conduza à vida eterna.
R/.- Amém.

OFÍCIO DO MEIO-DIA – Hora intermédia

V/.– Vinde, ó **Deus**, em meu au**xí**lio.
R/.– Soco**rrei**-me sem de**mo**ra.
  Glória ao **Pai** e ao **Fi**lho e ao Es**pí**rito **San**to.*
  Como **era** no prin**cí**pio, **ago**ra e sempre. **Amém**,
  Ale**lui**a.

Hino

Ó Deus, verdade e força
Que o mundo governais,
Da aurora ao meio-dia,
A terra iluminais.

De nós se afaste a ira,
Discórdia e divisão.
Ao corpo dai saúde,
E paz ao coração.

Ouvi-nos, Pai bondoso,
Por Cristo Salvador,
Que vive com o Espírito
Convosco pelo amor.

Antífona – Para mim é bom estar junto de Deus –
  e fazer do Senhor meu refúgio.

Salmo 122
Deus, esperança do seu povo

– Eu levanto os meus olhos para vós,*
  que habitais nos altos céus.
– Como os olhos dos escravos estão fitos*
  nas mãos do seu senhor,

– como os olhos das escravas estão fitos*
  nas mãos de sua senhora,
– assim os nossos olhos, no Senhor,*
  até de nós ter piedade.

– Tende piedade, ó Senhor, tende piedade;*
  já é demais esse desprezo!
– Estamos fartos do escárnio dos ricaços*
  e do desprezo dos soberbos!

– Glória…

Salmo 123
O nosso auxílio está no nome do Senhor

– Se o Senhor não estivesse ao nosso lado,*
  que o diga Israel neste momento;

– se o Senhor não estivesse ao nosso lado,*
   quando os homens investiram contra nós,
– com certeza nos teriam devorado*
   no furor de sua ira contra nós.

– Então as águas nos teriam submergido,*
   a correnteza nos teria arrastado,
– e, então, por sobre nós teriam passado*
   essas águas sempre mais impetuosas.
– Bendito seja o Senhor, que não deixou*
   cairmos como presa de seus dentes!

– Nossa alma como um pássaro escapou*
   do laço que lhe armara o caçador;
– o laço arrebentou-se de repente,*
   e assim nós conseguimos ficar livres.
– O nosso auxílio está no nome do Senhor,*
   do Senhor que fez o céu e fez a terra!

– Glória...

Salmo 124
Deus, protetor do seu povo

– Quem confia no Senhor – é como o monte de Sião!*
   nada o pode abalar – porque é firme para sempre.

= Tal e qual Jerusalém, – toda cercada de montanhas†
assim Deus cerca seu povo – de carinho e proteção,*
desde agora e para sempre – pelos séculos afora.

= O Senhor não vai deixar – prevalecer por muito tempo†
o domínio dos malvados – sobre a sorte dos seus justos,*
para os justos não mancharem – suas mãos na iniquidade.

= Fazei o bem, Senhor, aos bons – e aos que têm reto coração,†
mas os que seguem maus caminhos, – castigai-os com os maus!*
Que venha a paz a Israel! – Que venha a paz ao vosso povo.

– Glória…

Antífona – Para mim é bom estar junto de Deus –
        e fazer do Senhor meu refúgio.

LEITURA BREVE (Sb 8,21)

Compreendi que não poderia possuir a sabedoria de Deus sem que Ele ma concedesse, e já era sinal de entendimento saber a origem desta graça.

V/.– E esta é a virgem prudente.
R/.– Que o Senhor encontrou vigiando.

ORAÇÃO

Ó Deus, derramai em nós o espírito com que enriquecestes Santa Margarida Maria, para que, conhecendo o amor de Cristo, que supera todo conhecimento, possamos gozar da vossa plenitude. Por nosso Senhor Jesus Cristo, vosso Filho, na unidade do Espírito Santo. Amém.

V/.– Bendigamos ao Senhor.
R/.– Demos graças a Deus.

ORAÇÃO DA TARDE – Vésperas

V/.– Vinde, ó **Deus**, em meu auxílio.
R./– Soco**rrei**-me sem de**mo**ra.
　　Glória ao **Pai** e ao **Fi**lho e ao Es**pí**rito **San**to.*
　　Como **era** no prin**cí**pio, **ago**ra e sempre. **Amém**,
　　Ale**lui**a.

Hino

Letra: Pe. Sebastião Maria Martin SS.CC.
Música: Pe. Antonio Fusari

Glória a ti Margarida Maria,
Confidente de Nosso Senhor,
Teus devotos aqui neste dia
Vêm pedir-te tua graça e favor.

Tu moraste qual pérola oculta
No silêncio do claustro e da cruz,
E aprendeste na escola mais culta
Bem servir e adorar a Jesus.

De Maria imitaste a pureza,
A humildade e ardente fervor.
De Jesus sua santa pobreza,
Sua vida de zelo e amor.

Margarida ouve a nossa prece
E à comunidade dá graças mil,
Ela é tua e a ti só pertence
Como é teu também o Brasil.

Por Jesus ver reinar neste mundo
Margarida jamais descansou,
E o trabalho tornou tão fecundo
Como nunca ninguém alcançou.

Teus devotos aqui reunidos
Olha sempre com predileção,
De Jesus e Maria assistidos
Entraremos na eterna mansão.

Antífona 1ª. – O Senhor é ternura e piedade –
 e dá alimento a seus fiéis.

Salmo 110
As grandes obras do Senhor

– Eu agradeço a Deus de todo coração*
 junto com todos os seus justos reunidos!
– Que grandiosas são as obras do Senhor,*
 elas merecem todo o amor e admiração!

– Que beleza e esplendor são os seus feitos!*
   Sua justiça permanece eternamente!
– O Senhor bom e clemente nos deixou*
   a lembrança de suas grandes maravilhas.

– Ele dá o alimento aos que o temem*
   e jamais esquecerá sua Aliança.
– Ao seu povo manifesta seu poder,*
   dando a ele a herança das nações.

– Suas obras são verdade e são justiça,*
   seus preceitos, todos eles, são estáveis,
– confirmados para sempre e pelos séculos,*
   realizados na verdade e retidão.

= Enviou libertação para o seu povo,†
   confirmou sua Aliança para sempre.*
   Seu nome é santo e é digno de respeito.

= Temer a Deus é o princípio do saber,†
   e é sábio todo aquele que o pratica.*
   Permaneça eternamente o seu louvor.

– Glória...

Antífona – O Senhor é ternura e piedade –
              e dá alimento a seus fiéis.

Antífona 2ª. – O Senhor está sentado no alto céu e se inclina para olhar o céu e a terra.

Salmo 112
O nome do Senhor é digno de louvor

– Louvai, louvai, ó servos do Senhor,*
  louvai, louvai, o nome do Senhor!
– Bendito seja o nome do Senhor,*
  agora e por toda a eternidade!
– Do nascer do sol até o seu ocaso,*
  louvado seja o nome do Senhor!

– O Senhor está acima das nações,*
  sua glória vai além dos altos céus.
= Quem pode comparar-se ao nosso Deus,†
  ao Senhor, que no alto céu tem o seu trono*
  e se inclina para olhar o céu e a terra?

– Levanta da poeira o indigente*
  e retira o pobrezinho do monturo,
– para fazê-lo assentar-se com os nobres,*
  assentar-se com os nobres do seu povo.
– Faz a estéril mãe feliz em sua casa,*
  vivendo rodeada de seus filhos.

– Glória...

Antífona – O Senhor está sentado no alto céu e se
 inclina para olhar o céu e a terra.

Antífona 3ª. – Meu espírito está enraizado –
 e fixo em Cristo Jesus.

Cântico (Ap 19,1.5-7)
Cantos de triunfo no céu

R/. **Aleluia! Aleluia!**

– Ao nosso Deus a salvação,
 honra, glória e poder! (Aleluia)
– Pois são verdade e justiça
 os juízos do Senhor. (R.)

– Celebrai o nosso Deus,
 servidores do Senhor! (Aleluia)
– e vós todos que o temeis,
 vós, os grandes e os pequenos! (R.)

– De seu reino tomou posse
 nosso Deus onipotente! (Aleluia)
– Exultemos de alegria,
 demos glória ao nosso Deus! (R.)

– Eis que as núpcias do Cordeiro
  redivivo se aproximam! (Aleluia)
– Sua Esposa se enfeitou,
  se vestiu de linho puro. (R.)

– Glória...

Antífona – Meu espírito está enraizado –
  e fixo em Cristo Jesus.

LEITURA BREVE (Ap 7,9-10)

Depois disso eis que vi uma grande multidão que ninguém podia contar, de todas as nações, tribos, povos e línguas. Estavam de pé diante do trono e diante do Cordeiro, trajados com vestes brancas e com palmas na mão. E, em alta voz, proclamavam: "A salvação pertence ao nosso Deus, que está sentado no trono, e ao Cordeiro".

RESPONSÓRIO BREVE

V/.– Ditosos os convidados ao festim das bodas do Cordeiro.
R/.– Ditosos os convidados ao festim das bodas do Cordeiro.

V/.– Desposar-te-ei comigo para sempre no amor e na fidelidade.
R/.– Ditosos os convidados ao festim das bodas do Cordeiro.
V/.– Tu saberás que eu sou o Senhor, abre teu coração à alegria.
R/.– Ditosos os convidados ao festim das bodas do Cordeiro.
V/.– Glória ao Pai e ao Filho e ao Espírito Santo.
R/.– Ditosos os convidados ao festim das bodas do Cordeiro.

CÂNTICO EVANGÉLICO

Antífona – Humilde serva do Coração de Jesus, Margarida Maria entrou para sempre na glória do seu Senhor.

Magnificat (Lc 1,46-55)

– A minh'**al**ma engran**de**ce o Se**nhor***
 e **exul**ta meu es**pí**rito em **Deus**, meu Salva**dor**,
– porque olhou para a humil**dade** de sua **ser**va,*
 doravante as gera**ções** hão de cha**mar**-me de ben**di**ta.

– O pode**ro**so fez em **mim** mara**vi**lhas,*
  e **San**to é o seu **no**me!
– Seu a**mor** para **sem**pre se es**ten**de*
  sobre a**que**les que o **te**mem;

– mani**fes**ta o po**der** de seu **bra**ço,*
  disper**sa** os so**ber**bos;
– derru**ba** os pode**ro**sos de seus **tro**nos*
  e eleva os hu**mil**des;

– sa**ci**a de **bens** os fa**min**tos*
  e despede os **ri**cos, sem **na**da.
– A**col**he Israel, seu servi**dor**,*
  fi**el** ao seu a**mor**,

– como ha**vi**a prome**ti**do a nossos **pais**,*
  em fa**vor** de Abra**ão** e de seus **fi**lhos para **sem**pre.

– Glória ao **Pai** e ao **Fi**lho e ao Es**pí**rito **San**to,*
  como **e**ra no prin**cí**pio, a**go**ra e sempre. **Amém.**

Antífona – Humilde serva do Coração de Jesus,
           Margarida Maria entrou para sempre na
           glória do seu Senhor.

PRECES

Dirijamos nossa oração ao Coração de Jesus, onde habita a plenitude da Divindade, rezando:

R/. **Teu amor esteja sobre nós, Senhor.**

– Tu, que revelaste teu amor a Santa Margarida Maria, enraíza-nos na caridade, para que possamos compreender a profundidade do teu amor.

– Tu, que modelaste o coração de Santa Margarida Maria, dá-nos um coração novo à imagem do teu Coração suave e humilde.

– Tu, que escolheste Santa Margarida Maria para manifestar a toda a humanidade teu amor e tua paixão pela salvação de todos, concede à tua Igreja testemunhar o Evangelho e atrair, assim, os corações a Ti.

– Tu, que deste tua cruz a Santa Margarida Maria, concede-nos viver na comunhão de teus Mistérios, para chegar à glória de tua Ressurreição.

– Tu, que inspiraste a Santa Margarida Maria orar pelos falecidos, concede àqueles que morreram entrar na glória eterna.

(intenções livres)

– Pai nosso…

ORAÇÃO

Ó Deus, derramai em nós o espírito com que enriquecestes Santa Margarida Maria, para que, conhecendo o amor de Cristo, que supera todo conhecimento, possamos gozar da vossa plenitude. Por nosso Senhor Jesus Cristo, vosso Filho, na unidade do Espírito Santo. Amém.

V/.– O Senhor nos abençoe, nos livre de todo o mal e nos conduza à vida eterna.

R/.– Amém.

ORAÇÃO DA NOITE - Completas

V/.– Vinde, ó **Deus**, em meu au**xí**lio.
R/.– Socor**rei**-me sem de**mo**ra.
Glória ao **Pai** e ao **Fi**lho e ao Es**pí**rito **San**to.*
Como **e**ra no prin**cí**pio, a**go**ra e sempre. A**mém**, Ale**lui**a.

(A seguir, recomenda-se o EXAME DE CONSCIÊNCIA)

Tende compaixão de nós, Senhor.
R/. **Porque somos pecadores.**
Manifestai, Senhor, a vossa misericórdia.
R/. **E dai-nos a vossa salvação.**
Deus todo-poderoso tenha compaixão de nós, perdoe os nossos pecados e nos conduza à vida eterna. **Amém.**

OU

Senhor, que viestes salvar os corações arrependidos, tende piedade de nós.
R/. **Senhor, tende piedade de nós.**
Cristo, que viestes chamar os pecadores, tende piedade de nós.
R/. **Cristo, tende piedade de nós.**

Senhor, que intercedeis por nós junto do Pai, tende piedade de nós.
R/. **Senhor, tende piedade de nós.**
Deus todo-poderoso tenha compaixão de nós, perdoe os nossos pecados e nos conduza à vida eterna. **Amém.**

Hino

Agora que o clarão da luz se apaga,
a vós nós imploramos, Criador:
com vossa paternal misericórdia,
guardai-nos sob a luz do vosso amor.

Os nossos corações sonhem convosco:
no sono, possam eles vos sentir.
Cantemos novamente a vossa glória
ao brilho da manhã que vai surgir.

Saúde concedei-nos nesta vida,
as nossas energias renovai;
da noite a pavorosa escuridão
com vossa claridade iluminai.

Ó Pai, prestai ouvido às nossas preces,
ouvi-nos por Jesus, nosso Senhor,

que reina para sempre em vossa glória,
convosco e o Espírito de Amor.

Ou

Ó Cristo, dia e esplendor,
na treva o oculto aclarais.
Sois luz de luz, nós o cremos,
luz aos fiéis anunciais.

Guardai-nos, Deus, nesta noite,
velai do céu nosso sono;
em vós na paz descansemos
em um tranquilo abandono.

Se os olhos pesam de sono,
vele, fiel, nossa mente.
A vossa destra proteja
quem vos amou fielmente.

Defensor nosso, atendei-nos
freai os planos malvados.
No bem guiai vossos servos,
com vosso sangue comprados

Ó Cristo, Rei piedoso,
a vós e ao Pai toda a glória,

com o Espírito Santo,
eterna honra e vitória.

Antífona – Ó Senhor, sois clemente e fiel,
              sois amor, paciência e perdão!

Salmo 85 (86)
Oração do pobre nas dificuldades

Bendito seja Deus que nos consola em todas as nossas aflições (2Cor 1,3.4).

– Inclinai, ó Senhor, vosso ouvido,*
  escutai, pois sou pobre e infeliz!
= Protegei-me, que sou vosso amigo,†
  e salvai vosso servo, meu Deus,*
  que espera e confia em vós!

– Piedade de mim, ó Senhor,*
  porque clamo por vós todo o dia!
– Animai e alegrai vosso servo,*
  pois a vós eu elevo a minh'alma.

– Ó Senhor, vós sois bom e clemente,*
  sois perdão para quem vos invoca.

– Escutai, ó Senhor, minha prece,*
  o lamento da minha oração!

– No meu dia de angústia eu vos chamo,*
  porque sei que me haveis de escutar.
– Não existe entre os deuses nenhum*
  que convosco se possa igualar;
– não existe outra obra no mundo*
  comparável às vossas, Senhor!

– As nações que criastes virão*
  adorar e louvar vosso nome.
– Sois tão grande e fazeis maravilhas:*
  vós somente sois Deus e Senhor!

– Ensinai-me os vossos caminhos,*
  e na vossa verdade andarei;
– meu coração orientai para vós:*
  que respeite, Senhor, vosso nome!

– Dou-vos graças com toda a minh'alma,*
  sem cessar louvarei vosso nome!
– Vosso amor para mim foi imenso:*
  retirai-me do abismo da morte!

– Contra mim se levantam soberbos,†
  e malvados me querem matar;*
  não vos levam em conta, Senhor!

– Vós, porém, sois clemente e fiel,*
 sois amor, paciência e perdão.
= Tende pena e olhai para mim!†
 Confirmai com vigor vosso servo,*
 de vossa serva o filho salvai.

– Concedei-me um sinal que me prove*
 a verdade do vosso amor.
– O inimigo humilhado verá*
 que me destes ajuda e consolo.

– Glória ao Pai e ao Filho e ao Espírito Santo.*
 Como era no princípio, agora e sempre. Amém.

Antífona – Ó Senhor, sois clemente e fiel,
 sois amor, paciência e perdão!

LEITURA BREVE (1Ts 5,9-10)

Deus não nos destinou para a ira, mas para alcançarmos a salvação, por meio de nosso Senhor Jesus Cristo. Ele morreu por nós, para que, quer vigiando nesta vida, quer adormecidos na morte, alcancemos a vida junto dele.

RESPONSÓRIO BREVE

R/.– Senhor, em vossas mãos* Eu entrego o meu espírito.
R/.– Senhor, em vossas mãos* Eu entrego o meu espírito.
V/.– Vós sois o Deus fiel que salvastes o vosso povo.
R/.– Eu entrego o meu espírito.
V/.– Glória ao Pai e ao Filho e ao Espírito Santo.
R/.– Senhor, em vossas mãos eu entrego o meu espírito.

CÂNTICO EVANGÉLICO

Antífona – Salvai-nos, Senhor, quando velamos,
guardai-nos também quando dormimos!
Nossa mente vigie com o Cristo,
nosso corpo repouse em sua paz!

Cântico de Simeão (Lc 2,29-32)
Cristo, luz das nações e glória de seu povo

– Deixai, agora, vosso servo ir em paz,*
conforme prometestes, ó Senhor.

– Pois meus olhos viram vossa salvação*
– que preparastes ante a face das nações:

– uma Luz que brilhará para os gentios*
e para a glória de Israel, o vosso povo.

– Glória ao Pai e ao Filho e ao Espírito Santo.*
Como era no princípio, agora e sempre. Amém.

Antífona – Salvai-nos, Senhor, quando velamos,
guardai-nos também quando dormimos!
Nossa mente vigie com o Cristo,
nosso corpo repouse em sua paz!

Oração

Concedei, Senhor, aos nossos corpos um sono restaurador, e fazei germinar para a messe eterna as sementes do Reino, que hoje lançamos com nosso trabalho. Por Cristo, nosso Senhor. Amém.

V/.– O Senhor todo-poderoso nos conceda uma noite tranquila e, no fim da vida, uma morte santa.

R/.– Amém.

ANTÍFONA FINAL DE NOSSA SENHORA

Ó Mãe do Redentor, do céu ó porta,
ao povo que caiu, socorre e exorta,

pois busca levantar-se, Virgem pura,
nascendo o Criador da criatura:
tem piedade de nós e ouve, suave,
o anjo te saudando com seu Ave!

Ou

Ave, Rainha do céu;
ave, dos anjos Senhora;
ave, raiz, ave, porta;
da luz do mundo és aurora.
Exulta, ó Virgem tão bela,
as outras seguem-te após;
nós te saudamos: adeus!
E pede a Cristo por nós!
Virgem Mãe, ó Maria!

Ou

Salve, Rainha, Mãe de misericórdia,
vida, doçura, esperança nossa, Salve!
A vós bradamos os degredados filhos de Eva,
a vós suspiramos gemendo e chorando
neste vale de lágrimas!
Eia, pois, Advogada nossa,
esses vossos olhos misericordiosos a nós volvei,

e depois deste desterro mostrai-nos Jesus,
bendito fruto do vosso ventre!
Ó clemente, ó piedosa,
ó doce sempre Virgem Maria.

Em latim:

Salve, Regína, Mater misericórdiae,
vita, dulcédo, et spes nostra, salve.
Ad te clamámus, éxsules fílii Evae,
Ad te suspirámus, geméntes et flentes
in hac lacrimárum valle.
Eia, ergo, advocáta nostra,
illos tuos misericórdes óculos
ad nos convérte.
Et Iesum, benedíctum fructum ventris tui,
nobis post hoc exsílium osténde.
O clemens, o pia, o dulcis Virgo Maria.

Ou

À vossa proteção recorremos, santa Mãe de Deus;
não desprezeis as nossas súplicas em nossas necessidades,
mas livrai-nos sempre de todos os perigos,
ó Virgem gloriosa e bendita.

SUPLEMENTO DEVOCIONAL DA ORDEM DA VISITAÇÃO DE SANTA MARIA

NOVENA
de
SANTA MARGARIDA MARIA ALACOQUE

UMA VIDA EUCARÍSTICA

"Nosso coração é feito para Deus; infeliz daquele que se contenta com menos do que Deus. É preciso deixar tudo, para encontrar tudo no Sagrado Coração de Jesus!"
(Santa Margarida Maria Alacoque)

PRIMEIRO DIA

– Em nome do Pai e do Filho e do Espírito Santo. Amém.
– Canto

Conhecer os sentimentos do Coração de Jesus

Todos nós desejamos conhecer a Deus. Toda pessoa é um mistério. Quando a afeição aproxima dois seres, eles começam um longo caminho de progresso no conhecimento mútuo. O conhecimento do Coração de Jesus é primeiramente uma graça, ligada à nossa obediência.

Com efeito, Jesus prometeu "se manifestar" àqueles que o amam e guardam os seus mandamentos (Jo 14,21).

Margarida Maria Alacoque era uma pessoa eucarística e adoradora; todos os momentos livres, os passava diante do Santíssimo. À sua Superiora, que se admirava de tão longas horas diante do Sacrário, ela explica:

"Meu maior contentamento é estar diante do Santíssimo, onde meu coração está como no seu centro".

– Silêncio
– Partilha
– Canto
– Pai-Nosso...
– Ave-Maria...

Oração: – Ó Santa Margarida Maria Alacoque, a quem o Sagrado Coração de Jesus constituiu herdeira de seus Divinos Tesouros, nós vos suplicamos obter desse Coração adorável as graças de que atualmente precisamos.

Nós vos pedimos com plena confiança. Que esse Coração se digne nos atender uma vez mais por vossa intercessão e para Sua maior glória. Ó Coração de amor, eu ponho toda a minha confiança em Vós, pois temo tudo da minha fraqueza, mas espero tudo da vossa bondade. Amém.

Santa Margarida Maria Alacoque, **rogai por nós.**
Sagrado Coração de Jesus, **nós temos confiança em Vós.**

– Canto final

SEGUNDO DIA

– Em nome do Pai e do Filho e do Espírito Santo. Amém.
– Canto

Partilhar os sentimentos do Coração de Jesus

Esse conhecimento não pode ficar simplesmente no nível intelectual, ele pede a conformidade. O que supõe a conversão do nosso coração: "Dar-vos-ei um coração novo, porei no vosso íntimo um espírito novo" (Ez 36,26). Margarida Maria Alacoque dizia que o Sagrado Coração está mais próximo de nós quando sofremos do que quando nos alegramos...

A cruz é um bálsamo tão precioso que ele perde o seu bom odor quando é descoberto: por isso, é preciso escondê-lo e levá-lo em silêncio tanto quanto se possa.

"Tende uma grande confiança em Deus e nunca desconfieis de Sua misericórdia que ultrapassa infinitamente todas as nossas misérias. Lançai-vos nos seus braços, ou dentro de seu Coração, abandonai-vos a tudo aquilo que Ele queira fazer de vós" (Santa Margarida Maria Alacoque).

- Silêncio
- Partilha
- Canto
- Pai-Nosso...
- Ave-Maria...

Oração: (*como no primeiro dia*)

- Canto final

TERCEIRO DIA

- Em nome do Pai e do Filho e do Espírito Santo. Amém.
- Canto

Culto ao Coração de Jesus e o espírito de Devoção

*"O amor não quer um coração partilhado;
ele quer tudo ou nada. O amor vos torna tudo fácil.
Dai-lhe amor por amor e não vos esqueçais nunca
d'Aquele que o amor fez morrer por vós."*
(Santa Margarida Maria Alacoque)

A imagem do coração, símbolo universal do amor. Nosso vocabulário é bem pobre para expressar essa necessidade e essa vocação essenciais da condição humana. Sob a única palavra "amor" se esconde uma maravilhosa generosidade, mas também egoísmo e perversões! O apóstolo João nos garante que *"Deus é Amor"* (1Jo 4,16).

Jesus apresenta-se à nossa Santa e lhe diz:

"Eu quero fazer-te ler no Livro da Vida, em que está contida a ciência do amor. E, descobrindo-me o seu Sagrado Coração, fez-me ler estas palavras:

'O meu Amor Reina no Sofrimento, Triunfa na Humildade e Goza na Unidade'. Isto se imprimiu tão fortemente no meu espírito, que nunca o esqueci. O amável Coração de Jesus abriu-se como um grande livro, onde me fez ler as admiráveis lições do seu puro amor".

- Silêncio
- Partilha
- Canto
- Pai-Nosso...
- Ave-Maria...

Oração: (*como no primeiro dia*)

- Canto final

QUARTO DIA

- Em nome do Pai e do Filho e do Espírito Santo. Amém.
- Canto

Retribuir amor por amor

Diante do mistério da Encarnação redentora, diante das riquezas do dom de Deus, o coração humano é convidado ao louvor, à ação de graças. A gratidão não pode se contentar com gestos exteriores como eram outrora os sacrifícios de animais, justamente criticados pelos profetas. A verdadeira gratidão é uma atitude filial, feita de arrependimento pelo pecado, de confiança na misericórdia, de submissão à vontade de um Deus que só pode querer o nosso bem.

A ingratidão, a indiferença, o desprezo, os ultrajes dos quais Jesus se queixa, na grande aparição, são exatamente o oposto do amor recíproco, que oferece ao Senhor a adoração, o respeito, o afeto, a gratidão. E cada vez que nosso coração se entrega um pouco mais ao amor, ele recebe infinitamente mais do que deu.

Amar o Amor. Margarida Maria disse-nos, com o auxílio de imagens, na linguagem de seu tempo, o que ela intuiu das insondáveis riquezas do Coração de Cristo.

Peçamos agora à herdeira desses tesouros que nos ensine o que Jesus espera e deseja de nós. "Parece-me que o grande desejo que Nosso Senhor tem de que o seu Sagrado Coração seja honrado com alguma homenagem particular, é efetivamente para renovar nas almas os efeitos da Redenção."

"Como retribuirei ao Senhor todo o bem que Ele me fez?" (Sl 116,12).

– Silêncio
– Partilha
– Canto

– Pai-Nosso...
– Ave-Maria...

Oração: (*como no primeiro dia*)

– Canto final

QUINTO DIA

– Em nome do Pai e do Filho e do Espírito Santo. Amém.
– Canto

Consolar Jesus

> *"Eu quero que tu me sirvas de instrumento*
> *para atrair corações ao meu amor."*
> (Jesus a Santa Margarida Maria)

É o aspecto de "Reparação", indissociável da mensagem de Paray-le-Monial. Consolar alguém é lhe dar o que lhe foi injustamente recusado, é realizar em seu favor um ato contrário àquele que o fez sofrer, é estar presente quando os outros se foram.

Em um primeiro tempo, a Reparação consiste em apresentar ao Pai esse ato de amor do Filho bemamado, que tira o pecado do mundo. Em um segundo movimento, a Reparação anima o discípulo a realizar obras boas – oração, partilhas, sacrifícios, serviços – e a uni-las à oferenda d'Aquele que intercede, incessantemente, por nós. A oferenda da Igreja, de todos os membros da Igreja, só tem valor se está unida à de Jesus.

Nas aparições de 1675, Jesus se queixa a Margarida Maria das irreverências e sacrilégios a Ele dirigidos no Sacramento do Amor. Ao pensar em corações que recebem indignamente a comunhão, nasce em Margarida Maria o desejo de reparar. É, no fundo, um pedido explícito de Jesus. "Ele – narra Margarida Maria – me pediu para comungar todas as primeiras sextas-feiras de cada mês para reparar os ultrajes que recebe no Santíssimo Sacramento. Minha grande dor foi quando este divino Coração do meu amado Mestre me foi apresentado com estas palavras:

'Tenho sede, mas uma sede tão ardente, de ser amado por todas as pessoas no Santo Sacramento, que esta sede me consome, e não encontro ninguém que se esforce para saciá-la e responder ao meu amor'".

– Silêncio
– Partilha
– Canto
– Pai-Nosso…
– Ave-Maria…

Oração: (*como no primeiro dia*)

– Canto final

SEXTO DIA

– Em nome do Pai e do Filho e do Espírito Santo. Amém.
– Canto

Reparação como atitude solidária

É uma atitude de solidariedade que se une à Comunhão dos Santos, fazendo-nos carregar, com o Salvador, o peso do pecado do mundo. Ela se traduz pela conversão pessoal, pela comunhão reparadora das primeiras sextas-feiras do mês, pela Hora Santa e por todos os gestos de penitência e de partilha que o amor nos sugere.

Numa comunicação mais pessoal, Jesus manifesta toda a vulnerabilidade do seu Coração; pede à sua confidente Margarida Maria para O acompanhar, durante uma hora, todas as quintas-feiras à noite, para participar da sua agonia sofrida profundamente no jardim do Getsêmani. E diz-lhe:

"Aqui eu sofri mais do que em toda a minha Paixão, vendo-me num abandono total do Céu e da terra, carregando os pecados de toda a humanidade... Nenhuma criatura poderá compreender a enormidade dos tormentos que então sofri".

Desta confidência feita a Margarida Maria, nasceu a prática da *Hora Santa*.

– Silêncio
– Partilha
– Canto
– Pai-Nosso...
– Ave-Maria...

Oração: (*como no primeiro dia*)

– Canto final

SÉTIMO DIA

– Em nome do Pai e do Filho e do Espírito Santo. Amém.
– Canto

O Sacramento da Eucaristia

É o penhor mais precioso do amor de Deus por nós. A participação na Santa Missa expressa o oferecimento da nossa vida, como o expressam igualmente movimentos espirituais como o Apostolado da Oração (com oferecimento cotidiano) ou a Hora de Presença, oferecimento de uma hora do dia. A visita ao Santíssimo, a adoração eucarística, quando possível, são atos de fé na presença real de Jesus entre nós. O atrativo pela Eucaristia permanece em Santa Margarida Maria como uma das grandes razões do chamado à vida religiosa.

"Minha maior alegria em deixar o mundo era pensar que eu comungaria muitas vezes... e passar noites sozinha, diante do Santíssimo Sacramento, porque aí eu sentia uma tal segurança, que, embora fosse extremamente medrosa, eu não pensava mais nisso desde que estivesse no lugar das minhas mais caras delícias."

"Jesus nos escuta no Sacramento do Amor. Não calculemos nosso tempo para O reencontrar na adoração" (Papa São João Paulo II).

– Silêncio
– Partilha
– Canto

– Pai-Nosso...
– Ave-Maria...

Oração: (*como no primeiro dia*)

– Canto final

OITAVO DIA

– Em nome do Pai e do Filho e do Espírito Santo. Amém.
– Canto

Viver a Eucaristia

Centro, cume, fonte, raiz da vida cristã, a Eucaristia é verdadeiramente o "Sacramento do Amor", de um Amor que nos é dado, de um Amor que nós devemos dar. Como sacrifício, a Eucaristia nos faz participar da oferenda do Calvário e nos convida à oferenda espiritual de toda a nossa vida, segundo a palavra de São Paulo: "Exorto-vos a que ofereçais vossos corpos como hóstia viva, santa e agradável a Deus: este é o vosso culto espiritual" (Rm 12,1; cf. 1Pd 2,5). É o culto do sacerdócio comum a todos os batizados.

"Sem o Santíssimo Sacramento e a Cruz, eu não saberia viver."

Notavelmente podemos dizer que essas palavras de Santa Margarida Maria são a revelação de um coração apaixonado por Jesus Cristo. Ela se une a Jesus presente no sacrifício da Missa, que vem a ser o centro de sua vida consagrada. Ela participa da Eucaristia com os sentimentos de Maria ao pé da Cruz; recebe a santa comunhão com os sentimentos de Maria no momento da Anunciação: *"Eis a serva do Senhor"*...

Margarida Maria une-se à oferenda do sacrifício de Jesus, oferecendo suas próprias provações, sofrimentos, incompreensões. Ela quer ser uma cópia viva do seu Esposo crucificado, expresso nela por todas as suas ações.

"Não é amar o sofrimento,
mas sofrer COM e POR amor."
(Santa Margarida Maria Alacoque)

– Silêncio
– Partilha
– Canto
– Pai-Nosso...
– Ave-Maria...

Oração: (*como no primeiro dia*)

– Canto final

NONO DIA

– Em nome do Pai e do Filho e do Espírito Santo. Amém.
– Canto

O que Margarida Maria diz do Coração de Jesus

*"Pudesse eu contar tudo o que sei desta amável devoção e
descobrir a toda a terra os tesouros de graças
que Jesus Cristo encerra no seu adorável Coração,
com intenção de os derramar, em profusão,
sobre todos os que a praticam!"*
(Santa Margarida Maria Alacoque)

"Contar tudo o que sei"! Margarida Maria viu, ouviu, tocou o inefável! Ela afirma várias vezes que se sente impotente para falar deste assunto. São "maravilhas inexplicáveis" ou segredos indizíveis.

Como são insuficientes as palavras humanas para exprimir o mistério de Deus, o mistério do Amor de Jesus! Então, Margarida Maria exprime-se com o auxílio de imagens bíblicas. As mais empregadas são o sol, as chamas, a fornalha e a fonte.

- Silêncio
- Partilha
- Canto
- Pai-Nosso…
- Ave-Maria…

Oração: (*como no primeiro dia*)

- Canto final

HORA SANTA

com

SANTA MARGARIDA MARIA ALACOQUE

Pe. Gérard Dufour – Paray-le-Monial

PRIMEIRO TEMPO

"Todas as noites, de quinta para sexta-feira eu te farei participar da tristeza mortal que senti no jardim das Oliveiras."

Jesus, na noite da primeira Quinta-feira Santa, tu levas contigo Pedro, Tiago e João, e sentes tristeza e angústia. "Minha alma está triste até a morte. Permanecei aqui e vigiai comigo" (Mt 26,37-38).

Por que esta tristeza?

Pela traição de Judas e a debilidade dos apóstolos. Pela hostilidade dos chefes e a volubilidade da turba. Mas não só por isso. Em muitas ocasiões sofri pela falta de confiança de meus amigos – homens de pouca fé (Mt 8,26). Entristeci-me pela "dureza de coração dos fariseus", que me observavam, para ver se eu curaria um enfermo em dia de sábado... E, ao aproximar-me e ver a cidade de Jerusalém, chorei sobre ela, dizendo: "Ah, se neste dia também tu conhecesses a mensagem de paz! Agora, porém, isto está escondido aos teus olhos... porque não reconheceste o tempo em que foste visitada" (Lc 19,41).

Coração de Jesus, paciente e de muita misericórdia,

– Hoje, no mundo, Jesus, quais são as causas de tua tristeza?
– Hoje, na minha vida, Jesus, o que te entristece?
– Hoje, eu serei capaz, Jesus, de compartilhar tua tristeza?

Tempo de meditação

Canto

SEGUNDO TEMPO

"Para acompanhar-me na humilde oração que fiz então ao meu Pai, em meio a todas as minhas angústias."

Jesus, tu sabias que para ti havia chegado <u>a hora</u>, de passar deste mundo para o Pai... <u>a hora</u> em que ias amar os teus até o fim (cf. Jo 13,1). Assim começas tua humilde oração: "E, indo um pouco adiante, caiu por terra, e orava para que, se possível, passasse dele aquela hora. E dizia: Abba! ó Pai! Tudo é possível para ti: afasta de mim este cálice, porém, não o que eu quero, mas o que tu queres" (Mc 14,35-36).

Permite-nos, Jesus, contemplar-te em tua oração –

- Oração *humilde* e de *adoração*: tu te prostras por terra...
- Oração *de dor*: se é possível, afasta de mim este cálice...
- Oração *filial*: "*Abba*! ó Pai!"...
- Oração *de confiança*: tudo é possível para ti...
- Oração *obediente*: porém não o que eu quero, mas o que tu queres...

Coração de Jesus, fornalha ardente de caridade,

em quem o Pai pôs todo o seu amor, tu não queres estar sozinho em tua oração. Permite-nos permanecer contigo e em ti. Digna-te, mediante teu Espírito, continuar tua oração em nossos corações.

Tempo de meditação

Canto

TERCEIRO TEMPO

"Te prostrarás... suplicando misericórdia pelos pecadores."

Jesus, alguns instantes antes de morrer, tu dirás: "Pai, perdoa-lhes, porque não sabem o que fazem" (Lc 23,34). Tinhas fama de acolher bem os pecadores. "Qual de vós, tendo cem ovelhas e perdendo uma, não deixa as noventa e nove no campo, e vai em busca daquela que se perdeu, até encontrá-la?" (Lc 15,2.4). "Eu sou o Bom Pastor. O Bom Pastor dá a vida por suas ovelhas" (Jo 10,11). "Eu vim para que todos tenham vida e a tenham em abundância" (Jo 10,10).

Senhor Jesus, faze-nos entender teu sofrimento –
– ante os pecados do mundo,
– teu desejo de perdoar os filhos pródigos,

– a alegria que sentes ao derramar tua misericórdia,
– e ao devolver a vida ao que estava morto.

Coração de Jesus, generoso para com todos os que te invocam; paz e reconciliação nossa,

tem piedade de nós que somos pecadores, derrama tua misericórdia em nossos corações arrependidos, dá-nos corações obedientes e cheios de amor.

Tempo de meditação

Canto

QUARTO TEMPO

"Te prostrarás...para suavizar de algum modo a amargura que senti no abandono de meus apóstolos, a qual obrigou-me a lançar-lhes em rosto que não haviam podido vigiar uma hora comigo."

Jesus, tu escolheste doze apóstolos para que estivessem contigo (cf. Mc 3,14). São teus "servidores e administradores dos mistérios de Deus. Agora, de um administrador o que se exige é que seja fiel" (1Cor 4,1-2).

Quando escolhes alguém, pedes-lhe uma adesão absoluta. "Como o Pai me amou, assim eu vos tenho amado. Permanecei no meu amor" (Jo 15,9). "Se alguém quiser vir após mim, negue-se a si mesmo, tome a sua cruz e siga-me" (Mc 8,34). Por isso sofreste o abandono dos que havias chamado. "Daí em diante [após o anúncio da Eucaristia] muitos dos seus discípulos voltaram atrás, e não andavam mais com ele" (Jo 6,66). "Eis que chega a hora – e ela chegou – em que vos dispersareis, cada um para o seu lado, e me deixareis sozinho" (Jo 16,32).

Senhor Jesus, faze-nos compreender a amargura de teu Coração –

– ante o desamparo de teus apóstolos,
– sua tibieza para velar uma hora contigo no jardim das Oliveiras.
– Sofreste tantas infidelidades, tantas meias-respostas por parte daqueles que tu mesmo escolheste.

Coração de Jesus, saturado de opróbrios, cheio de bondade e de amor,

pedimos-te em especial pelos sacerdotes que chamaste a teu serviço, por todas as almas consagradas a ti na vida religiosa, por todos os que receberam teu chamado para seguir-te mais de perto, tem piedade de suas fraquezas, mantém-nos fiéis para que teu Reino se estenda.

Tempo de meditação

Canto

QUINTO TEMPO

"Durante esta hora farás o que eu te indicar."

Jesus, estas últimas palavras nos surpreendem. Estamos tão pouco acostumados que sejas tu que guies nossa oração! Mas, procuramos fazer silêncio em nossos corações, para dizer-te com toda a nossa pobreza, toda a nossa debilidade: "Aqui estamos Senhor Jesus... Faze-nos conhecer o que queres de nós!"

(Tempo de silêncio prolongado)

– "Se alguém me ama guardará minha palavra, e o meu Pai o amará, e a ele nós viremos e nele estabeleceremos nossa morada" (Jo 14,23),

– "Permanecei em mim como eu em vós. Aquele que permanece em mim e eu nele, esse dá fruto abundante" (Jo 15,4-5),

– "Exorto-vos, portanto, irmãos, pela misericórdia de Deus, a que ofereçais vossos corpos como hóstia viva, santa e agradável a Deus; este é o vosso culto espiritual. E não vos conformeis com este mundo, mas transformai-vos, renovando a vossa mente, a fim de poderdes discernir qual é a vontade de Deus, o que é bom, agradável e perfeito" (Rm 12,1-2).

Coração de Jesus, fonte de vida e santidade, Rei e centro de todos os corações,

renova-nos por teu Espírito de Amor. Ensina-nos a unir-nos à tua oração. Faze-nos testemunhas de teu Amor!

Testemunhas de tua paz. Testemunhas de perdão.
Testemunhas de tua alegria, Senhor.
Testemunhas de Maria: "Faça-se a tua vontade".
Testemunhas de obediência. Testemunhas de entrega
na liberdade.
Testemunhas de paciência, de escuta e de bondade.
Testemunhas de alegria, de alegria e de verdade.

Tempo de meditação

Canto

LADAINHA

de

SANTA MARGARIDA MARIA ALACOQUE

SENHOR, **tende piedade de nós.**
JESUS CRISTO, **tende piedade de nós.**
SENHOR, **tende piedade de nós.**
JESUS CRISTO, **ouvi-nos.**
JESUS CRISTO, **atendei-nos.**
DEUS Pai celestial, **tende piedade de nós.**
DEUS FILHO Redentor do mundo, **tende piedade de nós.**
DEUS Espírito Santo, **tende piedade de nós,**
SANTÍSSIMA TRINDADE que sois um só DEUS, **tende piedade de nós.**
SANTA MARIA Mãe de Deus, **rogai por nós.**
SANTA MARGARIDA MARIA, discípula e apóstola do Coração de Jesus, **rogai por nós.**
SANTA MARGARIDA MARIA, que tivestes a Virgem Imaculada por Mãe e Mestra, **rogai por nós.**

SANTA MARGARIDA MARIA, pérola preciosa do reino dos céus, **rogai por nós**.

SANTA MARGARIDA MARIA, que fostes associada aos Serafins e adoradores do Coração de Jesus, **rogai por nós**.

SANTA MARGARIDA MARIA, vítima e holocausto do Sagrado Coração, **rogai por nós**.

SANTA MARGARIDA MARIA, cópia fiel do Coração de Jesus, **rogai por nós**.

SANTA MARGARIDA MARIA, que repousastes, como São João, sobre o Coração de Jesus, **rogai por nós**.

SANTA MARGARIDA MARIA, que vivestes profundamente escondida no Coração de Jesus, **rogai por nós**.

SANTA MARGARIDA MARIA, modelo de obediência e mortificação, **rogai por nós**.

SANTA MARGARIDA MARIA, imitadora fiel da doçura e humildade do Coração de Jesus, **rogai por nós**.

SANTA MARGARIDA MARIA, violeta do jardim de São Francisco de Sales, que derramastes em toda a Igreja o suave odor de Jesus Cristo, **rogai por nós**.

SANTA MARGARIDA MARIA, que fostes crucificada com Jesus Cristo, **rogai por nós**.

SANTA MARGARIDA MARIA, que fostes favorecida pelo Espírito Santo com o dom da profecia, **rogai por nós**.

SANTA MARGARIDA MARIA, mestra sábia e prudente das almas chamadas à vida religiosa, **rogai por nós**.

SANTA MARGARIDA MARIA, misericordiosa advogada dos pecadores, **rogai por nós**.

SANTA MARGARIDA MARIA, caridosa benfeitora dos doentes, **rogai por nós**.

SANTA MARGARIDA MARIA, alegria de vossa santa Ordem, e glória do vosso Povo, **rogai por nós**.

SANTA MARGARIDA MARIA, que cercastes de proteção especial todos os corações dedicados ao Coração de Jesus, **rogai por nós**.

Cordeiro de DEUS, que tirais o pecado do mundo, **perdoai-nos, Senhor**.
Cordeiro de DEUS, que tirais o pecado do mundo, **ouvi-nos, Senhor**.
Cordeiro de DEUS, que tirais o pecado do mundo, **tende piedade de nós**.

Difundiu-se a graça em vossos lábios,
porque Deus vos abençoou desde toda a eternidade.

OREMOS: Senhor Jesus Cristo, que revelastes, de maneira admirável, a Santa Margarida Maria as riquezas insondáveis de vosso Coração, fazei que por seus méritos nós vos amemos em tudo e acima de tudo e, assim, mereçamos ter para sempre nossa morada nesse mesmo Coração, ó Vós que sendo Deus viveis e reinais com Deus Pai na unidade do Espírito Santo, por todos os séculos dos séculos. Amém.

ORAÇÕES, ATOS DE CONSAGRAÇÃO

e

REPARAÇÃO

"Tenho sede, mas uma sede tão ardente de ser amado por todas as pessoas no Santíssimo Sacramento, que esta sede Me consome e não encontro ninguém que se esforce, segundo o Meu desejo, para Me saciar, retribuindo-ME amor por amor."

(Coração de Jesus a Santa Margarida Maria Alacoque)

Primeira Consagração ao Sagrado Coração de Jesus

(composta por Santa Margarida Maria Alacoque)

Eu, … , me entrego e consagro ao Sagrado Coração de Nosso Senhor Jesus Cristo a minha pessoa e a minha vida, as minhas ações, trabalhos e sofrimentos; nem quero usar de parte alguma do meu ser senão para O honrar, amar e glorificar.

Esta é a minha vontade irrevogável: ser toda Sua e fazer tudo por Seu amor, renunciando de todo coração a tudo que Lhe possa desagradar.

A Vós, pois, eu tomo, ó Coração Sagrado, para único objeto do meu amor, protetor da minha vida, segurança da minha salvação, remédio da minha fragilidade e inconstância, reparador de todos os defeitos da minha vida e meu abrigo seguro na hora da minha morte. **Amém**.

Oração a Santa Margarida Maria Alacoque

Lembrai-vos, ó Santa Margarida Maria, do poder extraordinário que o Sagrado Coração de Jesus vos tem confiado em favor dos seus devotos. Cheios de confiança, viemos implorar a vossa proteção e, prostrando-nos diante de vossa miraculosa imagem, olhamos com fé e amor esse Coração adorável que em vossas mãos sustentais como estandarte bendito de vitória sobre os nossos inimigos. Que Ele seja, para nós, fonte inesgotável de todas as graças; e vós que tudo podeis junto a esse mesmo Coração, fazei que desçam sobre toda a humanidade os tesouros de amor e misericórdia, de luz e salvação que Ele encerra em Si. Nós vos suplicamos que nos alcanceis, de forma particular, a graça que com tanta insistência e fervor vos pedimos neste momento… (*silêncio*). Não podemos deixar de contar convosco, porque sois aquela que nos apresenta o Sagrado Coração de Jesus e sois a *nossa Bondosa Intercessora*. Ouvi, pois, nossas súplicas e dignai-vos atendê-las propícia e alcançai-nos o que vos rogamos. **Assim seja!**

Ato de Reparação ao Sacratíssimo Coração de Jesus

Dulcíssimo Jesus, cuja infinita caridade para com as criaturas humanas é por elas tão ingratamente correspondida com esquecimentos, friezas e desprezos, eis-nos aqui prostrados, diante do vosso altar, para vos desagravarmos, com especiais homenagens, em razão da insensibilidade tão insensata e das nefandas injúrias com que é de toda parte alvejado o vosso dulcíssimo Coração. Reconhecendo, porém, com a mais profunda dor, que também nós, mais uma vez, cometemos as mesmas indignidades –, para nós, em primeiro lugar, imploramos a vossa misericórdia, prontos a expiar não só as próprias culpas, mas também as daqueles que – errando longe do caminho da salvação, ou se obstinando na sua infidelidade, não vos querendo como pastor e guia, ou, faltando às promessas do Batismo – sacudiram o suavíssimo jugo da vossa santa Lei. Em razão de todos estes tão deploráveis crimes, Senhor, queremos nós desagravar-vos hoje, mas particularmente em razão dos costumes e imodéstias no vestir, de tantos laços de corrupção armados à inocência, da violação dos dias santificados, das execrandas blasfêmias contra Vós e vossos santos, dos insultos ao vosso Vigário e a todo o vosso clero, do desprezo e das horrendas e sacrílegas profanações do Sacramento do divino Amor, e enfim, dos atentados e rebeldias oficiais das nações contra os direitos e o Magistério da vossa Igreja.

Oh, se pudéssemos lavar com o próprio sangue tantas iniquidades! Entretanto, para reparar a honra divina ultrajada, vos oferecemos, juntamente com os merecimentos da Virgem Mãe, de todos os santos e almas piedosas, aquela infinita satisfação que Vós oferecestes ao Eterno Pai sobre a cruz, e que não cessais de renovar todos os dias sobre os nossos altares. **Amém**.

Diante do Santíssimo Sacramento

(Oração composta por Santa Margarida Maria Alacoque)

Jesus Cristo, meu Senhor e meu Deus, que eu creio verdadeira e realmente presente no Santíssimo Sacramento do Altar, recebei este ato de profunda adoração para suprir o desejo que eu deveria ter de vos adorar incessantemente, e em ação de graças pelos sentimentos de amor que o vosso Sagrado Coração nele tem por mim.

Eu não poderia agradecê-los melhor que oferecendo-vos todos os atos de adoração, resignação, paciência e amor, que este mesmo Coração fez durante a sua vida mortal e que ainda faz e fará eternamente no Céu, a fim de que, por Ele mesmo, tanto quanto me seja possível, eu possa vos amar, louvar e adorar dignamente.

Uno-me a esta divina oferenda que Vós fazeis a vosso Pai, e consagro-vos o meu ser, pedindo-vos que destruais em mim o pecado e não permitais que eu seja separada de Vós eternamente. **Amém**.

– Jesus manso e humilde de Coração,
– Fazei o nosso coração semelhante ao Vosso.

HINO

a

SANTA MARGARIDA MARIA ALACOQUE

Letra e música de José Acácio Santana

Santa monja da Visitação,
o Sagrado Coração
quis a ti revelar:
que o seu Coração
que nos ama
se queima na chama
do fogo de amar.

Refrão: *Santa Margarida Maria Alacoque,*
por ti a Igreja invoque o Sagrado Coração!

E Jesus fez de ti a primeira
fiel mensageira
do seu Coração.
E por isso tu foste humilhada,
sofreste calada
a tua paixão.

Santa Mãe, Margarida Maria,
ensina a alegria
de amar o Senhor.
Que o seu Coração tão Sagrado
por nós seja amado
com muito fervor.